DISCOURS
PRONONCEZ
DANS L'ACADÉMIE
FRANÇOISE,

Le Samedy vingt-septiéme Septembre M. DC. LXXXXVIII.

A LA RECEPTION DE MONSIEUR L'ABBÉ GENEST
Aumosnier ordinaire de Madame la Duchesse de Chartres.

A PARIS,
Chez JEAN BAPTISTE COIGNARD, Imprimeur
& Libraire ordinaire du Roy, & de l'Académie Françoise,
ruë S. Jacques, à la Bible d'or.

M. DC. LXXXXVIII.

AVEC PRIVILEGE DE SA MAJESTÉ.

MONSIEUR L'ABBÉ GENEST Aumosnier ordinaire de Madame la Duchesse de Chartres, ayant esté éleu par Messieurs de l'Académie Françoise, à la place de feu Monsieur BOYER; *y vint prendre séance le Samedy vingt-septiéme Septembre 1698. et prononça le Discours qui suit.*

Toutes les fois que j'ay consideré attentive-ment l'Institution de cette illustre Compagnie, ses Loix, ses Exercices, je me suis representé ce que les Poëtes & les anciens Philosophes ont dit de ces Isles fortunées où estoient receuës les

A ij

Ames innocentes & genereuses. C'eſtoit une Aſſemblée de bien-heureux Eſprits qui n'avoient
rien conſervé de ce qu'ils poſſedoient parmi les
hommes, que leurs nobles Inclinations. Gran-
deurs, Richeſſes, Dignitez ; tout ce qui éblouït
le vulgaire ne les avoit point ſuivis. Une aimable Egalité regnoit entre eux. Ils converſoient
tranquillement à l'ombre des Palmes & des
Lauriers. Socrate y eſtoit à coſté d'Achile,
Alexandre auprés de Menipe, Ulyſſe avec
Homere. Veritable Idée de ce que nous voyons
ſous ces lambris auſſi paiſibles qu'auguſtes. Les
grands Noms, les grands Titres n'y reglent
point les rangs, ni les ſucceſſions. Les Prelats,
les Miniſtres, les Magiſtrats, les Guerriers n'y
ont jamais pretendu de preſéance ſur les Ora-
teurs, les Poëtes & les Hiſtoriens. L'Egalité
y maintient l'Ordre, & l'Harmonie. L'Authorité
n'y parle qu'avec la Raiſon. La difference des
Conditions n'y eſt reconnue que par les divers
talens de l'Eſprit. L'excellence de l'Eſprit
meſme, les threſors de la Science qui inſpirent
quelquefois tant d'orgueil n'y doivent eſtre ad-
mis qu'avec la Politeſſe, l'Elegance, l'Hon-
neſteté & les Graces.

A ce diſcours, MESSIEURS, vous pou-
vez juger de tout ce qui ſe paſſe dans mon
ame ; il ſuffit ſeul pour vous expliquer mon

raviſſement & ma reconnoiſſance. Je ſens bien
au moment où je parle que la pudeur s'éleve ſur
mon viſage avec la joye. Mais enfin s'il y a eu
beaucoup de preſomption à moy de vous de-
mander la place glorieuſe que vous m'accor-
dez aujourd'hui, vous voyez auſſi, MESSIEURS,
combien il m'eſtoit difficile de ne la pas deſirer.

Je n'ignore pas qu'en des occaſions ſem-
blables à celle-cy vous avez accouſtumé de
recevoir des teſmoignages d'une joye eloquente
& d'une reconnoiſſance ingenieuſe ; mais au
lieu de ces efforts eſtudiez, peut-eſtre, MES-
SIEURS, prendrez-vous plus de plaiſir à voir
mon cœur profondément penetré de la grace
que vous me faites. Je ne m'engageray pas non
plus à des loüanges recherchées pour Celuy
à qui j'ay l'honneur de ſucceder. Ce ſoin eſt
peu neceſſaire pour un Homme dont le Merite
eſt ſi connu. Il a eſté aſſidu à vos Aſſemblées
durant plus de trente ans. Il y en a plus de
cinquante que ſa Reputation eſt eſtablie, &
que les Theatres ont retenti de ſes Ouvrages.
Ce que j'aurois particulierement à remarquer,
c'eſt qu'il a traité ſi long-temps les Paſſions
humaines ſans jamais en éprouver le deſordre;
qu'il a, pour ainſi dire, habité ce pays de l'Il-
luſion & des Fictions ſans alterer en rien ſa
Probité exacte & ſincere. Pour ſon coup d'eſſay,

il fit parler une illuſtre Romaine, qui receut de grands aplaudiſſemens ; & il a encore plus heureuſement fini par une Heroïne ſacrée, qui attira le concours de tout Paris. Il a
ſanctifié ſes dernieres productions en les adreſ-
ſant au Ciel. Le Public a ſouvent entendu de
luy des Paraphraſes, des Stances, & des Cantiques remplis du feu de la Poëſie & du zele
d'une veritable Pieté. Qu'ajoûterois-je encore,
MESSIEURS? Vous l'aimiez, vous le regret-
tez ; ce ſont de beaux traits à ſa loüange ; & je
ne doute point, à ſon égard, que tant qu'il a
veſcu il n'ait compté pour ſa principale Gloire
celle d'eſtre parmi vous.

Pour moy, MESSIEURS, je le rediray
mille fois, ce ſera tout mon remerciment, rien ne
me paroiſt preferable à l'honneur d'eſtre receu
dans une Aſſemblée où tout le merite de l'Eſprit
vient chercher ſa perfection & ſa recompenſe.
Les grands Artiſans de la Gloire, ceux qui
par leurs brillans & ſolides Ouvrages enſeignent
ou couronnent la Vertu, ſe ſont formez dans
voſtre Compagnie, ou ſe ſont unis avec Elle.

Peut-on nier que tout ce qui a paru de plus
eſtimable & de plus achevé dans l'Empire des
Lettres ne ſoit ſorti de cette Source ſi pure & ſi
feconde? Veut-on voir l'utilité de l'Académie?
veut-on voir ce qu'elle a contribué pour amener

noſtre Langue à cet eſtat de perfection qui fait tant d'honneur à la France & à noſtre Siecle? qu'on examine ſes commencemens & ſes progrez.

Lors que de laborieux Genies nous eurent apporté ſans choix les precieuſes depouilles de l'Antiquité, il en vint de plus heureux qui par un gouſt exquis chercherent chacun ſelon leurs veües à decouvrir & à pratiquer l'Art qui eſtoit encore enſeveli ſous cette Erudition confuſe. De ceux-cy l'Académie Françoiſe fut compoſée, comme le fut autrefois la Republique d'Athenes des Tribus ſeparées dans l'Attique. Croira-t-on que tant de lumieres reunies n'ayent pas produit une plus grande lumiere? Croira-t-on que tant de forces jointes enſemble n'ayent pas agi avec plus de ſuccez? Qu'on en juge donc par l'experience & avec un equitable diſcernement.

Depuis l'Examen du Cid, Epreuve celebre de l'Académie naiſſante, & action ſi conſiderable par les intereſts qui la cauſerent; depuis ce fameux Examen, le grand Corneille qui avoit déja ſurpaſſé tous ſes Rivaux, ne s'eleva-t-il pas juſqu'à ſe ſurpaſſer luy-meſme.

Aprés ſes belles Tragedies, n'en a-t-on pas veu encore d'autres dignes de l'ancienne Grece? n'a-t-on pas veu la Morale vivante joindre à ſes

inſtructions pathetiques tout le charme & toute
la magnificence des Chœurs.

Une ingenieuſe main ne nous a-t-elle pas
donné en meſme temps & par les meſmes traits
les leçons & les exemples du plus beau des
Arts? La poëtique n'a-t-elle pas eſté enſeignée
par tout ce qu'il y a de beau, de riche, de riant,
en un mot, de parfait dans la Poëſie?

Que de ſçavantes Traductions nous rendent
le veritable Eſprit & les ſecretes penſées des
Autheurs les plus eſtimez de tous les Temps, en
nous parlant ſi naturellement noſtre Langue!]

Que d'éloquents Panegyriques meſlez aux
hymnes & aux chants de Victoire ont eſté pro-
noncez dans ce lieu-meſme!

Depuis les ſujets les plus ſimples juſqu'aux
plus élevez, la Fable, l'Hiſtoire, la Politique,
les Sciences, vous nous donnez tout. Par Vous,
Messieurs, toutes les Productions de l'Eſprit
ſont parfaites, & ſont diſtinguées entre Elles,
avec les graces, la juſteſſe, l'œconomie, la force,
ou la grandeur qui leur ſont propres, & par les
traits eſſentiels qui font leurs vrais caracteres.

Où la dignité de noſtre Langue n'eſt-elle
point parvenuë auſſi-bien que ſa beauté? Cette
divine Science, qui vient immediatement du
Ciel pour éclaircir noſtre foy, & dont les Me-
ditations trop abſtraites ont exercé ſi épineu-
ſement

sement les plus doctes & les plus celebres Ecoles, cette Science qui nous apprend des Veritez si sensibles, mais en mesme temps si inaccessibles, ne se decouvre-t-elle pas aujourd'huy avec une netteté lumineuse, & ne charme-t-elle pas nos esprits autant qu'elle les éclaire?

Enfin, ne voit-on pas cette Langue si heureusement cultivée s'estendre de jour en jour dans les Pays les plus éloignez, y faire aimer la douceur des Loix & des Mœurs de la France, devenir la Langue generale de tous les Peuples dans les grandes Negociations, repandre dans l'Univers les Sciences & les Arts, & faire estimer les François par l'excellence & l'élevation de l'Esprit, autant qu'ils sont renommez par la majesté de leur Empire & par la force de leurs Armes?

VOila, MESSIEURS, ce qui a suivi l'establissement de l'Académie Françoise, & voila le plus bel Eloge du grand Cardinal de Richelieu qui la fondée! on diroit aussi qu'il n'en a point voulu d'autre. Lors qu'il refusa ce tribut perpetuel de loüanges que vos Predecesseurs s'offrirent de luy voüer par leurs Statuts, peut-estre que sa Gloire estoit d'accord avec sa Modestie, & qu'il jugeoit que la Datte seule de vostre Institution honnoroit assez son ministere.

Sa Memoire tousjours plus reverée & plus

B

éclatante , à mesure que les nuages de l'Envie
se sont dissipez , est maintenant au-dessus des
Apologies comme des Libelles. Mais s'il falloit
mesme accorder quelque chose aux jaloux Ennemis qui l'accusoient de mesler sa propre am-
bition & ses propres interests à ceux de l'Estat,
& à ceux de son Roy , il faudroit aussi qu'ils con-
vinssent que cela n'a jamais paru que dans l'Establissement de l'Académie Françoise.

En donnant ce nouvel éclat au Regne de
Louis le Juste , & à la France un ornement si
utile & si glorieux, il s'assuroit à soy-mesme une
gloire durable dans tout l'avenir , & satisfaisoit
pendant sa vie l'ardente passion qu'il avoit pour
les Lettres, disons pour les Muses qui luy estoient
familieres, qui luy estoient necessaires. Elles luy
avoient communiqué tous leurs secrets , & ré-
pandant sur ses levres les charmes de la persua-
sion , aidoient l'authorité naturelle qu'il tenoit
desja du Ciel, à gagner tous les Esprits capables
d'entrer dans ses grands desseins. Elles le dé-
lassoient dans ses travaux. Elles adoucissoient
les cruelles atteintes que la Haine & l'Envie portoient incessamment à sa vertu. Par la hauteur
& la sublimité de leurs Pensées , elles luy ou-
vroient des Routes nouvelles & de plus grandes
Veues. Par les vives images de l'Immortalité ,
elles fortifioient l'ardeur de son Courage heroï-

que contre tant d'injustices de traverses & de difficultez qu'il avoit tous les jours à surmonter, & contre la deffaillance mesme d'un Corps accablé de veilles de travail & de langueur. Il mourut ce grand Homme sans doute avec le regret de n'avoir pas accompli ses projets pour l'affermissement & pour la splendeur de l'Académie Françoise : mais l'Esprit du grand Armand avoit rencontré un autre Esprit capable de suivre & de remplir ses idées. Un Chancelier élevé parmi vous, SEGUIER, le plus digne fils de l'Académie, sortit de son sein pour la proteger. Il rassura cette Compagnie errante & desolée. Il la receut auprés de luy. Digne Chef des Conseils & des Parlemens, Emulateur de ces Temps renommez, où quand le Senat de Rome decidoit du destin des Peuples & des Rois, une sage éloquence déterminoit les decisions du Senat : ce grand Chancelier crut ne pouvoir mieux placer les Maistres de la Parole que dans le Temple de la Justice. Il semble mesme avoir laissé à ses Successeurs l'estime & l'amour qu'il eut pour Vous comme un devoir, ou comme un honneur attaché à cette supréme Magistrature.

L E cours de vos belles destinées n'en devoit pas demeurer là. A mesure que l'Académie acqueroit de nouvelles forces, & que les fruits de tant de nobles veilles s'avançóient vers la perfection, de nouveaux Emplois luy eſtoient reſervez ; une plus haute Protection luy eſtoit deüe. Vous vous eſtes élevez par degrez auprés du Troſne, vous eſtiez appellez dans le Palais d'un Roy pour qui ſeul vous eſtes formez ; & qui trouve en vous les plus excellens Ouvriers des Couronnes immortelles qu'il merite, comme vous trouvez en luy l'Objet le plus parfait qui puſt jamais animer voſtre Zele à vos Travaux. Il eſtoit bien juſte auſſi que tant d'Hommes choiſis dans toutes les Conditions euſſent à leur teſte Celuy qui commande à toutes les Conditions, qui en ſçait tous les Devoirs & qui en a toutes les Vertus : & pour vous parler encore plus préciſément, Messieurs, de ce qui vous regarde comme Académiciens, juſques icy quelque choſe manquoit à l'accompliſſement de l'Académie. Aprés tous les differens caracteres de vos éloquens Autheurs, vous aviez beſoin d'avoir encore parmi vous le modelle d'un nouveau genre d'éloquence. Definiſſez hardiment quel eſt le langage des Rois, le langage de la Souveraineté & de l'Empire, voſtre Protecteur l'apprend à tout le Monde, à vous-meſmes, à ſa Cour, à tous ſes Sujets, à tous les Eſtrangers ; jamais on ne parla mieux en Roy.

Vous qui avez recherché dans toutes les Langues ce qui pouvoit encore embellir la noftre, & enrichir vos Efcrits, reconnoiffez-vous dans les Hiftoires de tous les temps, dans celles mefme qu'on foupçonne le plus de n'eftre qu'imaginées, des Exemples de Grandeur & de Vertu pareils à ceux dont vous eftes les témoins, & dont vous devez inftruire la Pofterité? Avoit-on jamais veu dans aucun Regne une fi durable égalité de Gloire & de Bonheur, & une fi admirable varieté de grands Projets & de merveilleux Evenemens?

Combien de fois la Victoire a-t-elle volé fur les pas de ce grand Roy, ou par fon commandement, au gré de fon Courage & de fa Juftice? Combien de fois la Paix eft-elle defcenduë des Cieux rappellée par fa Clemence & par fa Moderation?

Mais quelles couleurs emploirez-vous, quels traits affez forts, quelles comparaifons d'Orages, de Tempeftes, de Guerre des Dieux & des Geans pour décrire l'effroyable Guerre qu'il vient de terminer? Seul contre la multitude des Nations conjurées & des Peuples furieux qui fondoient de tous coftez fur la France comme des torrens, comme des montagnes de flots prefts à l'engloutir! non feulement ce Heros par fon intrepide fermeté nous a fait ignorer les

perils ; non feulement par fa vigilance infati-
gable & par fon invincible valeur nous a fau-
vez ; mais nous a tellement accouftumez à vaincre que nous ne fongions plus mefme à defirer
le Calme & la Paix ! Roy fage & magnanime!
fidelles & genereux Sujets ! Ils font prefts à donner tout le refte de leurs biens & de leur fang
pour continuer fes Victoires & fes Triomphes !
Il renonce aux Triomphes & aux Victoires
pour ne fonger qu'au Repos & à la Felicité de
fes Sujets !

Que nos Ennemis eux - mefmes regardent
ces floriffantes Armées, cet Ordre , cette Difci-
pline , toute cette Pompe formidable qui fert
de Spectacle & de Leçon à nos jeunes Heros,
d'Exercice pour tromper une envie impatiente
de veritables Combats. Dans ces reprefenta-
tions de Sieges & de Batailles , dans ces Atta-
ques feintes , au milieu de ces Eclairs qui ne font
plus accompagnez de la Foudre , qu'on voye fi
la Foudre n'eft pas encore en eftat de tomber ?
qu'on voye ce que feroient encore nos braves
Soldats fous un Roy tousjours vainqueur ; &
s'ils fe fentent de la guerre paffée que par la
noble ardeur de la recommencer.

Oüy que nos Ennemis , fi nous en avons encore , que nos Ennemis viennent donc voir
s'ils ne doivent pas la Paix aux feules Bontez

que noftre Prince a pour nous , & s'il n'a pas
voulu faire le Bonheur de toute la Terre, en fai-
fant celui de fes Peuples.

Où n'irois-je point , MESSIEURS , fi je
fuivois l'habitude paffionnée que j'ay à loüer ce
grand Roy ? J'en ay fait l'occupation de toute
ma vie. Mais malgré tout mon zele & tous mes
tranfports j'ay bien peur de n'apporter icy qu'u-
ne foible voix pour applaudir à vos Travaux
immortels, fans pouvoir les feconder. Et comment oferay-je entreprendre deformais ce que
je trouve mefme fi difficile pour vous? Promet-
tez-moy donc voftre indulgence ou voftre fecours , tandis que je vous donneray mon at-
tention & ma déference ; permettez-moy d'ef-
perer que je retrouveray ce temps heureux,
cet âge d'or de la naiffante Académie, où l'on
s'aidoit , où l'on s'animoit les uns les autres,
où la douceur mutuelle qu'on trouve à répandre les biens dont on eft riche , & à recevoir
ceux dont on manque refferroit tous les jours
entre les premiers Académiciens, les nœuds d'u-
ne folide & fincere amitié. Je me prefente à
vous avec ces fentimens , MESSIEURS , &
avec une fimplicité qui a fon merite , fi c'en
èft un que d'eftre fenfiblement touché des biens
de l'Efprit , & d'aimer fincerement ceux qui me
les communiquent. Et ne fçay-je pas que c'eft

l'illuſtre Amitié dont pluſieurs d'entre vous m'honorent qui a diſpoſé le reſte des ſuffrages en ma faveur? A ce mot d'Amitié je rappelle encore un ſouvenir qui m'eſt bien cher, je nomme icy avec tendreſſe le fameux M. Pelliſſon, qui a receu autrefois tant d'honneur de l'Académie, & qui luy en a tant fait par ſon excellente Hiſtoire. C'eſt peut-eſtre au bonheur que j'ay eu d'eſtre le Diſciple d'un Homme ſi celebre que je dois auſſi la qualité glorieuſe de voſtre Confrere qu'il poſſedoit ſi dignement. C'eſt luy qui m'a initié dans vos ſçavans Myſteres. Il traitta d'heureux Genie une Inclination dont je me défiois, il m'enhardit à marcher dans une Route ſouvent auſſi dangereuſe que penible, à moins qu'on n'ait aſſez de force pour parvenir à ce haut degré de merite & de reputation où je me contentois de vous reverer. Eſt-il donc vray que vous m'appellez au partage de voſtre Gloire? eſt-il vray que mon nom vivra dans ce Sanctuaire de l'Immortalité? Les expreſſions me manquent, je ſuis obligé de finir, en vous proteſtant, Messieurs, que favoriſé ſi particulierement des uns, redevable à tous, je n'aſſiſteray jamais à vos Aſſemblées, je n'entreray jamais dans ce Lieu auguſte ſans y renouveller ma vive reconnoiſſance.

APRES QUE MONSIEUR l'Abbe' Genest *eut achevé son Discours,* Monsieur l'Abbe' Boileau *alors Directeur de l'Académie, luy répondit.*

Monsieur,

Quand l'Académie vous a donné ses suffrages pour réparer la perte de celuy que nous regrettons, elle n'a pas eu égard à la conformité de vos estudes; Elle n'a pas songé que vous estant appliqué comme luy à la Poësie, vous avez pris la mesme route dans l'Empire des Lettres. Ce genre de ressemblance ne l'a jamais determiné. Quelquefois à un Poëte succede un Historien, à un Ministre puissant un Autheur qui n'a pour thrésors que ses vers, & pour fortune que sa reputation : au Chef de la Justice un Sçavant qui n'a jamais connu d'autre procés que celuy des Anciens avec les Modernes.

Et pour suivre, Monsieur, vostre idée si juste qu'il semble que vous ayez déja assisté à nos Conférences, & gousté la douceur de nostre commerce, à costé de la pourpre & souvent

C

audeſſus eſt aſſis un Ecrivain qui n'a pour équi-
page que ſon érudition, inconnu peut-eſtre de
ſes compatriotes, celebre chez les Etrangers,
negligé quand on le voit, reſpecté quand on le
nomme.

La naiſſance ne donne pas icy de privilege, ny la dignité de rang, ny le credit de faveur. Les uns ſe deſpoüillent de leurs titres, les
autres de leur gloire, tous de leurs préjugés.

La grandeur s'éclypſe, l'autorité ſe ſoumet,
la reputation meſme s'oublie, la ſuperiorité
des talens trouve icy place, mais ne cherche
pas de diſtinction, & le merite qui y procure
l'entrée n'y donne pas de préſeance.

Vous avez, Monsieur, tout dit en un mot,
quand vous avez dépeint ces eſprits dégagés, qui
ont le gouſt du Vrai & l'idée du Solide. Caractere que nous cherchons pour un travail utile aux
nations étrangeres, glorieux à la noſtre: & pour
étudier une éloquence, qui a le bien public
pour but, la verité pour regle, l'antiquité pour
modéle, la poſterité pour Juge, & la gloire du
Roy pour recompenſe. Caractere, dis-je, qui
ſeul peut faire l'éloge, & qui ſeul doit faire le
choix d'un Académicien.

Nous en avons perdu un, aſſidu à nos Exercices, plein de veneration pour la Compagnie,
pour qui la Compagnie avoit beaucoup de ten-

dreſſe : dans ſes jeunes années, il trouva l'appuy d'une noble famille, dont le nom nous ſera tousjours cher, qui ſembla l'adopter, parce que tous les gens d'eſprit paroiſſoient naturellement en eſtre.

Sans trop conſulter quel uſage il devoit faire du ſien, il s'eſtudia à faire des pieces de Theatre: Porcie luy attira des applaudiſſemens. Il en compoſa d'autres, dont le ſort ne fut pas tousjours égal. Mais ſans que le caprice de l'approbation populaire luy oſtaſt le courage, ſouſtenant tousjours l'honneur de ſes talens malgré les variations du Public, appellant enfin au ſecours de ſa reputation la ſaincteté du ſujet, il éleva ſes muſes & ſa gloire par le ſuccés d'une Heroïne ſacrée que tout Paris a honoré de ſa preſence. Tant il eſt vray qu'on ne réuſſit jamais mieux que de concert avec la verité. Témoin ſes Cantiques & ſes Paraphraſes qu'on écoutoit avec plaiſir toutes les fois que nous ouvrions nos portes, faiſant icy comme amende honorable à la Poëſie Chreſtienne, qui n'a pas eu pour luy l'ingratitude de la profane, & qui l'a bien dédommagé par les larmes que Judith a fait répandre.

Homme franc, cordial, bon critique ſans eſtre rigoureux, qui découvroit les beautez, excuſoit les fautes, faiſant grace aux autres, & ſouffrant qu'on luy fit juſtice.

C ij

Indulgent & docile, d'un efprit facile & laborieux, malgré fon feu, moderé: Malgré le génie de fon art, fincere; & malgré celui de fa na-
tion, modefte. Il a décrit les paffions fans en
eftre troublé, cherchant la bienfeance dans fes
Ouvrages, l'ayant tousjours obfervée dans fes
mœurs. Heureux d'avoir travaillé toute fa vie
pour aller à la belle gloire, mille fois plus heureux d'avoir enfin eftudié & parlé le faint langage pour apprendre à la méprifer.

Nous le pleurons. (Ainfi s'évanouït la gloire
humaine.) Aprés la mort, que nous reftera-t-il
de nos eftudes? Un court éloge pour donner lieu
d'en faire un plus long à celuy qui remplira noftre place. Les larmes répandües fur le tombeau
s'effuyent à la vûe du fucceffeur: l'artifice d'un
difcours compofé pour pleurer l'un, cede à la
fineffe d'un mot placé pour élever l'autre, & tout
l'encens deftiné pour nous ne vaut pas le feul
grain qu'on luy ménage. Là fe terminent toutes
les loüanges. Aprés cela travaillerons-nous pour
les meriter? Travaillons donc auparavant à ne
pas nous foucier de les obtenir.

Vous en avez eu, MONSIEUR, du Roy & de
la Cour qui ont applaudi à vos Mufes naiffantes.
Ce n'eft point le feul motif qui a determiné
l'Académie. Tout ce qui peut attirer fon choix
a concouru pour vous, foit qu'elle regarde de

quelle main eſt formé celuy qu'elle veut s'aſ-
focier, quel a eſté le ſuccés de ſes Ouvrages, &
l'honneur de ſes emplois. Tout a parlé en voſtre faveur.

Nourri dans le ſein de la politeſſe & des graces près du fameux Peliſſon, dont l'Académie pour ſon propre honneur devroit bien faire l'Hiſtoire, quand il n'auroit pas luy-même fait la ſienne, falloit-il une ſollicitation plus puiſ-
ſante ? Cependant en vous appellant dans ſes Aſſemblées, elle a crû remplir un devoir de Juſtice pour vous, & non pas de reconnoiſſan-
ce pour luy.

Elle ſçait quel a eſté le fort de vos travaux, & que vos premiers Vers furent honnorés de l'eſti-
me du Prince, & recompenſés de ſes bienfaits.

Quand elle ne ſe ſouviendroit plus que vous fuſtes le premier qui après la priſe de Maſtric miſtes le laurier ſur le front du Vainqueur, & dans le champ de bataille chantaſtes une Ode digne de la Majéſté du triomphe, elle n'auroit pas oublié voſtre nom gravé dans ſes Faſtes, & qu'elle vous donna le prix ſur tous ceux qui celebrerent l'honneur qu'elle a d'avoir pour Protecteur celuy des Rois & de la Religion.

Vos écrits n'ont jamais eſſuyé la varieté de la fortune, tousjours ſages, tousjours corrects, tousjours heureux.

C iij

En faut-il d'autre preuve que l'importance des emplois, dont le Roy vous a honoré ? Il vous a confié l'honneur de son sang, & le dépoft de l'intereft que l'Eftat & la Vertu prennent à l'éducation de deux auguftes Princeffes. Inftruction qui ne demande point un fi grand amas de fciences ; mais plus d'habileté & de fageffe quand ce ne feroit que pour choifir ce qu'elles doivent apprendre , & encore plus ce qu'elles doivent ignorer. Si quelqu'un doutoit de la voftre, nous avons entre nos mains voftre dernier Poëme, où il y a plus de fens que de vers, & où l'Hiftoire inftruit une autre Princeffe , dont la deftinée eft bien glorieufe , de faire les delices du plus grand des Rois, & l'efperance du premier des Royaumes.

Y a-t-il homme de lettres dont le maiftre ait efté plus habile, les compofitions mieux reçûes, les fonctions plus nobles ?

Oferois-je cependant le dire, ce n'eft point tout cela qui vous a obtenu place parmy nous. C'eft ce caractere du Vray , & ce gouft du Solide qui fe fait fentir dans vos mœurs, & dans vos écrits. Vous l'avez puifé dans les plus anciennes fources de la raifon.

Le commerce que vous avez avec Platon , & tous les anciens Sages , a efté fouftenu par celuy dont vous eftes lié avec les premiers hommes de noftre temps, & fans fortir de ce lieu, avec ceux qui fe font devoüés à la verité, foit qu'ils la découvrent dans la Litterature, foit qu'ils l'écrivent pour la pofterité, ou qu'ils la foutiennent pour l'Eglife.

Ne l'avez vous pas fouftenüe vous-même? il falloit bien que vous fuffiez rempli des veritez de la Religion lorfque vous écriviftes ce que nous lifons avec étonnement au plus beau génie, dont le Calvinifme fe glorifiaft, helas! preft à revenir au centre de la foy, fi vaincu par vos raifons, il avoit pû vaincre une fuperbe honte.

Que diray-je du Portrait que vous nous avez donné d'un excellent homme, Ornement de noftre fiecle, & qui auroit efté à noftre fiecle même inconnu, fi voftre éloquente amitié n'euft revelé les merveilles qu'avoit cachées fa modeftie?

Vous le peignés épris & enflammé de l'amour du Vray dans ce petit Ouvrage où l'Auteur qui le reprefente fi aimable le devient luy-mefme.

C'eft ce Vrai que cherchoient ces ames fortunées & innocentes avec lefquelles vous nous avez comparés. Elles fe le communiquoient les unes aux autres exemptes des fauffes idées de cette vie.

Il n'y a perfonne qui n'aime l'éloquence;

mais l'efprit de l'Académie eft de s'inftruire pour trouver la vraye, & démefler celle qui ne l'eft pas. Il n'y a que ce caractere du Vray qui la diftingue; il faut que là vanité fe retire pour faire place à la verité. Le vray Orateur eftime indigne de luy, tout ce qui ne fert qu'à le faire paroiftre; les pointes pour prouver qu'il a du genie, les citations pour faire montre de fa fcience, les figures pour eftaler fon art, tout cela n'entre point dans fon Difcours, l'efprit mefme, il le bannit pour introduire la raifon. Tout ce qui n'eft bon qu'à faire eftimer celuy qui parle n'a jamais perfuadé : les ornemens qui n'entrent pas dans la neceffité de l'édifice font des deffauts. Tout eft proportion, unité, deffein, l'agrément qui n'y a pas de rapport choque, & ce qui ne fert fimplement qu'à la beauté ne peut jamais eftre beau icy.

Encore une fois la vraye Eloquence mene à fon fujet fans amufement, fans écart, fans detour, fûre même de plaire. Les fleurs naiffent fous fes pas, mais d'une courfe legere fe haftant d'aller au but, elle les foule aux pieds, & ne daigne pas les cüeillir; l'Eloquence fe fait fentir, mais ne fe fait pas remarquer.

Pourquoy celuy-cy n'y arrivera-t-il jamais ? C'eft qu'il a trop envie de la découvrir, il quitte fa caufe pour fa vanité, & fon fujet parce qu'il eſt entraiſné par ſon orgueil , il aime mieux montrer ſon eſprit que convaincre le mien.

Vous qui n'avez pas le courage de ſacrifier ce qui brille , vous me ferez confeſſer voſtre habileté ſans me faire embraſſer voſtre avis, j'iray juſqu'à l'admiration de voſtre perſonne, mais vous ne parviendrez jamais juſqu'au changement de la mienne.

D'où vient que ſi peu de genies peuvent atteindre au Sublime ? C'eſt qu'on s'aime mieux ſoy-même que la verité, on ſouhaitte plus de prouver qu'on la connoiſt que de la faire connoiſtre , & d'avoir l'honneur de l'embellir, que le bonheur de l'inſpirer.

Laſche Eloquence qui ne s'éleve pas audeſſus des applaudiſſemens, qui ne ſe défie pas d'elle-meſme quand elle excite ces ſubites acclamations qui interrompent, ſi agréables aux novices de l'art.

Teſmoignage bien équivoque d'éloquence que ces tumultueuſes ſaillies. Il y a bien de la difference entre le raviſſement & la perſuaſion. Elles ont pluſtoſt l'air d'une lueur qui brille, que d'une verité qui triomphe.

Qu'une courte & volage flamme s'éleve & periſſe en l'air , on ſe récrie, on ne ſe récrie pas quand le ſoleil rend la lumiere. Il eſt enle-

D

vé, dit-on, c'eſt un homme ébloui qui s'éton-
ne, & non pas un homme gagné qui conſent:
& ſouvent aprés cet amas de figures qui tien-
nent en ſuſpens l'Auditeur, c'eſt autant beſoin
de reſpirer qu'envie d'applaudir.

Cherchons ce qui eſt vray, ce qu'un Lecteur
froid approuve, ce que les reflexions des ſiecles
à venir ne dementiront jamais.

Et puiſque nous ſommes redevables de nos
eſtudes à noſtre invincible Protecteur, ne com-
ptons pour loüanges dignes de luy, que celles
que la poſterité alloüera, que perſonne ne conteſtera, & qui agréeront meſme à ſes ennemis,
dont ils demeureront d'accord, non ſeulement
forcez de les avoüer; mais bien-aiſes de les entendre.

Telles ſont les loüanges que vous venez de
luy donner, MONSIEUR; Eh qui dans l'Europe peut diſputer au Roy la gloire de bien
parler? Toutesfois, MONSIEUR, parler en Roy
n'eſt pas ſeulement répondre juſte, s'exprimer
avec grace, accorder avec plaiſir, refuſer avec
bonté: ce n'eſt pas ſeulement avoir des termes
purs, un ſtile poli, en peu de paroles renfermer
beaucoup de ſens, ny précipité, ny équivoque,
ny railleur, conſerver en parlant, une aimable
fierté, & une ſouveraine bien-ſéance.

C'eſt quelque choſe de plus. Parler en Roy,

c'eſt parler ſouvent comme ſi on ne l'étoit pas,
quitter le langage d'un Monarque pour prendre celuy d'un pere. C'eſt parler en Juge pour
la juſtice contre ſes intereſts, en vainqueur pour
la miſericorde contre les injures; en Chreſtien
pour le devoir contre les paſſions; diſons tout,
parler en Roy, c'eſt prononcer en faveur de ſes
peuples contre ſes triomphes, annoncer la paix
par la bouche de la Victoire, décider en faveur
de l'Univers, dût-il eſtre ingrat, & préferer à
l'avantage d'eſtre la terreur du monde, celuy
d'en eſtre le bienfaicteur.

Voila des loüanges que j'appelle dignes de
luy, d'autant plus vrayes qu'elles percent les
Alpes & les Pyrenées, qu'elles traverſent le Rhin
& l'Ocean, que nous pouvons les publier dans
l'Aſſemblée generale des Nations. Loüanges
que la joye dicte, que l'envie confeſſe, que la
Religion approuve.

Perſonne ne conteſtera non plus le ſecond
Eloge que vous avez donné au Roy, d'avoir
l'eſprit de toutes les conditions: n'en demeu-
rons point là: il en a auſſi le cœur, & non ſeulement de toutes les conditions; mais de tous
les peuples de la Terre.

En quelque endroit du monde que nous al-
lions, chez les Souverains, dans les Republi-
ques, nous pouvons prononcer le Panégyrique

de la Paix qu'il a donnée: il fera écouté auffi favo-
rablement que dans ce Palais. Que dis-je? ces peuples qui doivent leur repos à fa clemence s'expli-
quent mieux que nous. Allons les entendre, il ne
faut pas d'interprete. Les acclamations & les ré-
joüiffances font par tout d'un mefme langage, la
flatterie n'y a point de part, l'éloquence n'a jamais fait confentir l'Univers malgré luy. Tel
eft l'Eloge digne du premier des hommes,
ce Panegyrique univerfel que la nature fait
dans les cœurs, fans attendre le fecours de
l'Art.

Avant la paix, quand on racontoit fes prodi-
ges, ils ne pouvoient le nier; mais avoüons le
vray, quand ils voyoient la Victoire, l'inexora-
ble Victoire le fuivre par tout où ils portoient
leurs armes, & comme fe multiplier pour luy
fans retour & fans pitié pour eux, quand toute l'Europe liguée ne peut compter pour fuccés
qu'une Ville reprife dans le cours de neuf années
de guerre, croyez-vous de bonne foy que leur
étonnement fift leur fatisfaction? Ils enten-
doient l'Eloge du Roy comme on entend le
tonnerre avec chagrin, avec tremblement. Mais
depuis que fa moderation les a furpris autant
que fa puiffance, toutes les oreilles font ouver-
tes pour entendre fes loüanges, & toutes les
bouches pour les repeter : elles defefperent

ceux qui les veulent imiter, embaraſſent ceux
qui les veulent écrire, occupent les uns, char-
ment les autres, réjouïſſent tout le monde, &
n'importunent plus que luy.

Ce ſeroit trop peu d'eſtre agréables à toute
la Terre, ſi elles ne l'eſtoient au Ciel. Comment
ne le ſeroient-elles pas ? Quand il s'eſt agi de
ſes propres intereſts, on l'a trouvé facile & genereux. Quand il a eſté queſtion de ceux de
la Religion, il n'a jamais rien relaſché, toû-
jours ferme, inflexible, intraitable. C'eſt que
pour ſa gloire il peut eſtre indifferent, pour ſa
Religion il ne peut luy eſtre infidelle, parce
qu'il met ſa gloire dans le bonheur du monde, & le bonheur du monde dans la Religion.

Bien éloigné de ces Conquerans, qui pour
venger leurs injures, pardonnent celles de
Dieu, reprennent ſur luy ce que leur vertu
leur fait perdre, & deffrayent leur moderation aux dépens de leur Foy : LOUIS a
fait grace à tout, excepté à l'Hereſie, a mieux
aimé que ſa gloire payaſt pour ſa Religion, a
eu le bonheur de calmer l'Europe ſans qu'il en
couſtaſt rien à l'Egliſe, de faire la joye des hommes ſans troubler celle des Anges, & de mettre
la Terre en repos ſans mettre le Ciel en cour-
roux.

D iij

Eloge dont le fond ne fe peut trouver que dans fon cœur. Pour étonner l'Univers, il a eu befoin de Soldats; pour le rendre heureux, il n'a eu befoin que de luy-même : fentiment qui n'a efté ny fuggeré , ny forcé; honneur que rien ne partage avec luy : fes armées, fes conqueftes, fon bonheur s'oppofoient à fa ge-nerofité. Ses Sujets, fes fideles Sujets ne la demandoient pas, prefts à tout facrifier pour continuer fes triomphes. La profperité y forma obftacle. Il fift taire la voix de la Victoire qui vint importuner fes projets; mais elle ne pût changer ceux de fa bonté. Je vous attefte, vous Dépofitaires de fes heroïques intentions, je n'iray pas loin, l'Académie luy en a fourni deux pour conclure la Paix, comme elle luy en prefte encore deux pour la louër ; car c'eft bien la louer que de l'écrire.

Je vous attefte, vous Peuples voifins, accourez au fpectacle qu'il vient de donner, ce n'eft point tant l'image de la guerre que le triomphe de la Paix. Quelle magnificence pour inftruire fon petit Fils, que feroit-ce s'il armoit fon Fils ? Venez, non pour juger de la force de fes armes, mais de la grandeur de fon bienfait. Voyez ces troupes fieres & victorieufes, qui femblent luy ouvrir l'Univers : LOUIS voit le calme qu'il y a mis, content de fon Ouvrage, cependant tousjours Maiſtre de la foudre, ſi ſa bonté faiſoit des ingrats, comme ſa gloire a fait des jaloux.

Qu'elle faſſe non ſeulement l'entretien, mais les délices de tous les hommes, non ſeulement l'envie, mais l'étude de tous les Heros: que nos arriere-neveux gouſtent long-temps la félicité de ſon Regne: que Dieu pour exaucer nos deſirs ait égard à ſes propres intereſts : que perſonne n'entende ſon Eloge, ſans y vouloir ajouſter, & que tout le monde le trouve tousjours, & trop court, & trop foible.

F I N.